Jochen Knobloch

IM FLUG ÜBER SCHLESWIG-HOLSTEIN

Mit einem Text von Wolf von Lojewski

HINSTORFF

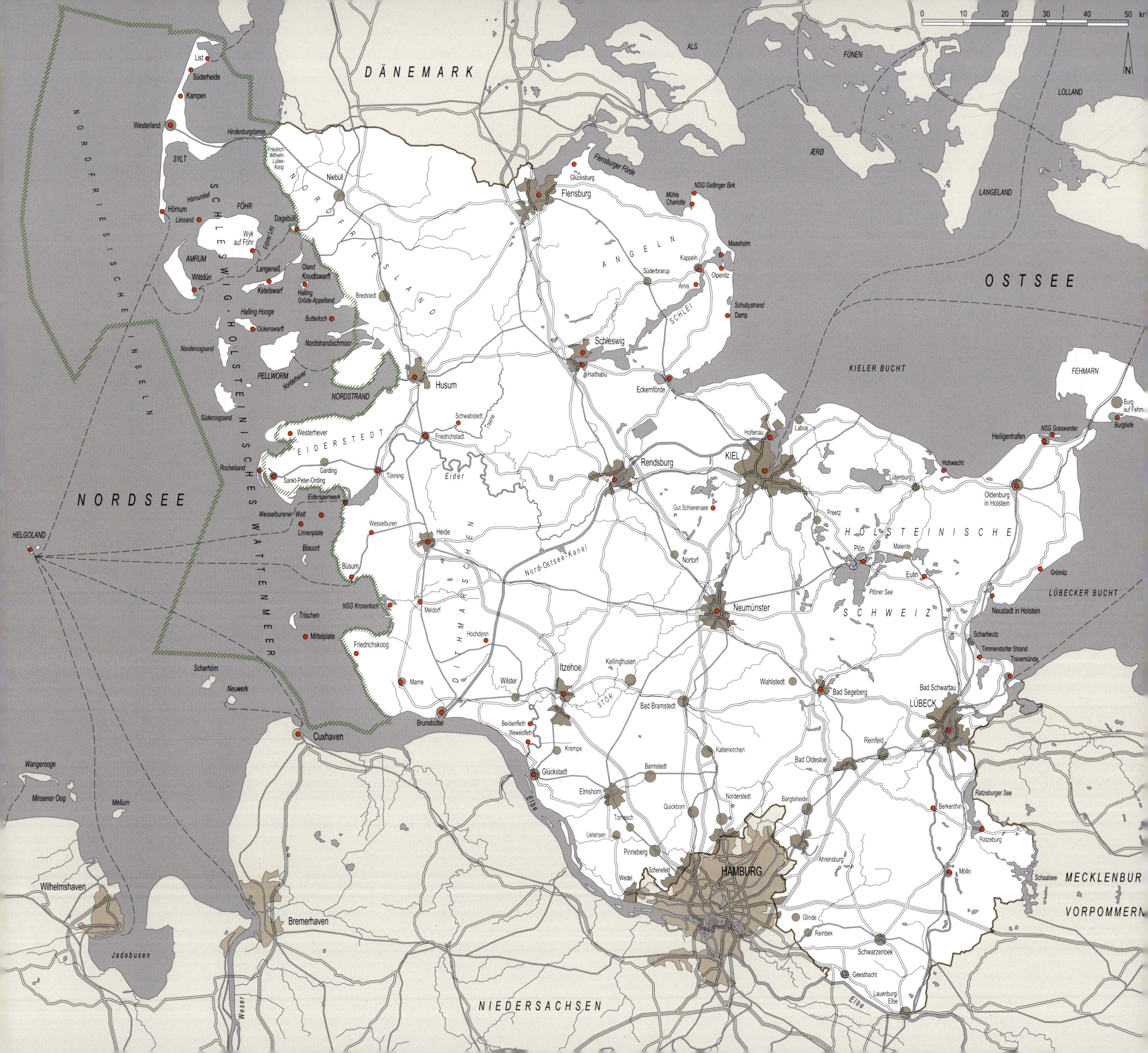

0 10 20 30 40 50
DÄNEMARK
ALS
FÜNEN
LOLLAND
ÆRØ
LANGELAND
OSTSEE
KIELER BUCHT
FEHMARN
LÜBECKER BUCHT
NORDSEE
NORDFRIESISCHE INSELN
SCHLESWIG-HOLSTEINISCHES WATTENMEER
NORDFRIESLAND
ANGELN
SCHLEI
EIDERSTEDT
DITHMARSCHEN
HOLSTEINISCHE SCHWEIZ
NIEDERSACHSEN
MECKLENBUR
VORPOMMERN
List
Süderheide
Kampen
Westerland
Hindenburgdamm
SYLT
Hörnum
FÖHR
Wyk auf Föhr
AMRUM
Wittdün
Langeneß
Ketelswarf
Halling Hooge
Ockenswarft
Norderoogsand
PELLWORM
NORDSTRAND
Süderoogsand
Westerhever
Sankt-Peter-Ording
Rochelsand
HELGOLAND
Niebüll
Dagebüll
Bredstedt
Husum
Schwabstedt
Friedrichstadt
Garding
Tönning
Eider
Eidersperrwerk
Wesselburen
Heide
Büsum
Meldorf
Trischen
Mittelplate
Friedrichskoog
Marne
Hochdonn
Brunsbüttel
Scharhörn
Neuwerk
Cuxhaven
Wangerooge
Minsener Oog
Mellum
Wilhelmshaven
Jadebusen
Bremerhaven
Weser
Flensburg
Glücksburg
Flensburger Förde
Mühle Charlotte
NSG Geltinger Birk
Maasholm
Kappeln
Süderbrarup
Olpenitz
Schubystrand Damp
Schleswig
Haithabu
Eckernförde
Rendsburg
Nord-Ostsee-Kanal
Holtenau
KIEL
Laboe
Gut Schierensee
Nortorf
Neumünster
Preetz
Lütjenburg
Hohwacht
Heiligenhafen
NSG Graswarder
Burg auf Fehmarn
Burgtiefe
Oldenburg in Holstein
Plön
Plöner See
Malente
Eutin
Grömitz
Neustadt in Holstein
Scharbeutz
Timmendorfer Strand
Travemünde
Bad Schwartau
LÜBECK
Itzehoe
Kellinghusen
Wilster
Stör
Bad Bramstedt
Wahlstedt
Bad Segeberg
Reinfeld
Bad Oldesloe
Kaltenkirchen
Krempe
Glückstadt
Elmshorn
Barmstedt
Quickborn
Norderstedt
Bargteheide
Tornesch
Uetersen
Pinneberg
Wedel
Schenefeld
HAMBURG
Elbe
Ahrensburg
Glinde
Reinbek
Schwarzenbek
Geesthacht
Lauenburg Elbe
Berkenthin
Ratzeburger See
Ratzeburg
Mölln
Schaalsee

Mich zieht es nun einmal zum Wasser. Da mischen sich Ehrfurcht und Sehnsucht nach Abenteuer. Weit geht der Blick bis zu der dünnen Linie, wo der Horizont und der Himmel aufeinandertreffen. Schiffe und Segel vervollständigen das Bild, es riecht nach Wind, die Möwen kreischen. Das sind meine Erinnerungen an das Land meiner Jugendjahre. Zwei Meere umarmen Schleswig-Holstein: die Nordsee – meist träge und dann plötzlich ein tobendes Ungeheuer; die Ostsee – eher heiter, wenn auch nicht immer so harmlos und lieb wie an sonnigen Urlaubstagen. Dazwischen eine Landschaft, die von der letzten Eiszeit gekerbt und aufgeschüttet wurde. Der Name der Hauptstadt ist vom altnordischen „Keyl" abgeleitet. Wahrscheinlich ist es ja so nicht gewesen, aber ich habe mir immer vorgestellt, ein gewaltiger Eisberg sei solch ein Keil gewesen und habe die Kieler Förde in die Küste gerammt.

Für mich – wie für viele ostpreußische Flüchtlings-Familien – war das Land eine zweite Heimat. Irgendwo in Dithmarschen wurde die Einheit meines Vaters aufgelöst, meine Mutter und mich hatte der Strudel des Krieges bei Cuxhaven auf der anderen Seite der Elbe ans rettende Ufer gespült. Das Sich-Wiederfinden im zerstörten Deutschland war ein langwieriger und komplizierter Prozess – besonders für die, die keinen festen Treffpunkt mehr hatten. Ostpreußen lag hinter mehreren Schichten Stacheldraht. Wo bist Du? Wo seid Ihr? Millionen von Menschen irrten in einer Trümmerlandschaft aneinander vorbei, bis der Suchdienst des Roten Kreuzes in Bergen von Karten und verzweifelten Briefen zwei Namen und Adressen fand, die irgendwie zueinander passten. Wir sind gar nicht so weit voneinander entfernt gewesen, und dennoch hat es drei Jahre gedauert, da stand mein Vater plötzlich vor der Tür. Ich konnte mich kaum an ihn erinnern. Als Knecht auf einem Hof bei Wesselburen hatte er Arbeit und Unterkunft gefunden, bis er schließlich in Kiel in seinen Beruf als Redakteur zurückkehren sollte. War das Wiederfinden getrennter Familien schon schwer genug gewesen, so stellte sich das Wiederzusammenziehen als nicht viel leichter heraus. Gerade im nördlichsten Bundesland hatte sich die Bevölkerung durch die Flüchtlingsströme aus dem Osten fast verdoppelt, und den zu teilenden Wohnraum hatten die Bomben des Krieges spürbar reduziert.

Noch weitere zwei Jahre lebte die Familie diesseits und jenseits der Elbe. In allen etwas längeren Schulferien pendelte ich hin und her, um meinen Vater zu besuchen – zunächst nach Wesselburen und wieder zurück über die Elbe, später über die etwas längere Strecke nach Kiel. Und schon bald – das war mein stolzer Eindruck – kannte niemand Schleswig-Holstein so gut wie ich. Denn das Reisen in jenen Tagen, in denen die Menschen vor allem mit dem Überleben und dem Wiederaufbau beschäftigt waren, hatte sich noch nicht zur großen Leidenschaft im Land der Besiegten entwickelt. Wohl gab es Zug- oder auch Busverbindungen, aber die dienten eher der Erschließung begrenzter Räume. Eine kurze Zeit lang fuhr ein Bus quer über Land von Brunsbüttelkoog via Rendsburg nach Kiel, schon bald aber stellte er den Betrieb wieder ein. Ein Motorboot tuckerte einen Sommer lang von Anlegestelle zu Anlegestelle durch den Nordostseekanal. Darüber schrieb ich meine erste Reportage, und mein Vater sorgte dafür, dass sie in die Zeitung kam. „Große Dampfer kamen uns entgegen oder fuhren an uns vorbei", notierte der 12-jährige Reporter voller Begeisterung. „Wir Jungen saßen an Deck und haben die Nationalitäten geraten. Sie kamen aus Rußland, Schweden und vielen anderen Ländern. Es waren auch deutsche Schiffe dabei, aber die waren längst nicht so groß …"

Das verlässlichste Transportmittel war mein Fahrrad. Aus allerlei Einzelteilen war es zusammengebastelt – der Rahmen aus solidem Eisen und entsprechend schwer, die Schläuche mehrmals geflickt, immer wieder löste sich die Kette vom Zahnkranz. Den ganzen Stolz des Besitzers stellte eine Ziehklingel dar, die ein alarmierend schrilles Signal abgab. Nur leider war der Verkehr auf Schleswig-Holsteins Straßen noch ziemlich schwach, so dass sich selten mal ein vertretbarer Anlass ergab, die Umwelt zu erschrecken.

Im ersten Jahr solcher Expeditionen schob ich das Rad in Cuxhaven auf eine Fähre nach Brunsbüttelkoog und nahm in gleichmäßig gerader Linie Kurs auf Heide, dann links ab in Richtung Nordsee. Die Landschaft veränderte sich wenig – weite Sicht, die Straße flach –, was aus der Radfahrerperspektive durchaus seine Vorteile hatte. Der Weg führte an viel nordischer Einsamkeit vorbei. Hinter windzerzausten Hecken duckten sich reetgedeckte Gehöfte. In den Dörfern sah ich während des Tages nur selten Menschen. Und da es damals auch kaum Autos gab, gehörte die Straße mir. Im Frühjahr und bei entsprechender Beleuchtung explodierte die sonst meist dunkelgraue Landschaft zu einem Feuerball aus Farben. Wie überhaupt das norddeutsch unterdrückte Temperament Leidenschaft hervorbringen kann, die man in milderen Klimazonen kaum findet.

Ungefähr nach einem Jahr änderte sich der Kurs und ich strampelte nach Osten in Richtung Kiel. Bei Wischhafen setzte ich nach Glückstadt über und radelte nun durch eine Kulisse, die sich so etwa alle zwei Stunden ein wenig veränderte. Das scheinbar endlos Flache ging in ein sanftes Auf und Ab über, die Wälder wurden dichter, rechts oder links leuchtete ein See. Manchmal löste sich die gepflasterte Straße auf und Sandwege übernahmen die Strecke, bis schließlich in der Ferne die große Stadt auftauchte. Wieder Wasser und Schiffe, ungefähr nach 14 Stunden war ich am Ziel.

Kiel ist in zwei Welt-Katastrophen der große Kriegshafen gewesen, und entsprechend zerstört war die Stadt. Noch heute, wenn mich Touristen fragen, wo denn – wie etwa in Lübeck oder Flensburg – die Altstadt sei, rate ich ihnen: „So etwas würde ich hier nicht suchen. Aber wenn Sie mal große Schiffe sehen wollen, gleich hinter dem Bahnhof oder dem Schloss nach rechts. Oder immer geradeaus am Wasser entlang. Am besten, Sie klettern auf eine der kleinen Passagierfähren und fahren im Zickzackkurs über die Förde, bis sich der Trichter zur Ostsee öffnet. Dann können Sie sicher sein, Kiel gesehen zu haben …"

Als Schüler und auch als Student bin ich an diesem Meerestrichter aufgewachsen. Später – als Reporter der *Kieler Nachrichten* und der *Nordschau* des NDR – wurde dann wieder das ganze Land mein Revier: zweimal im Prinzip eine Meeres-Kulisse und doch so verschieden. Herb und voller Abenteuer die Küste entlang der Nordsee. Zweimal am Tag zieht sich das Wasser zurück und legt das Wattenmeer frei. Es mag nicht jedermanns Sache sein, unter seltsamen Plantsch- und

Fähren nach Skandinavien im Hafen von Kiel

Stena Line
Making good time
Color Line

Sauggeräuschen barfuß durch den Schlick zu stapfen und dabei zu spüren, wie sich der weiche Meeresgrund durch die Zehen quetscht. Zu weit sollte der Fremde sich nicht hinauswagen in die dunkelbraune Einsamkeit. Schnell kehrt das Meer wieder zurück, und das liebliche Rinnsal, in dem der Wanderer auf dem Weg hinaus nur mal kurz seine Füße sauber spülte, kann auf dem Weg zurück zu einem reißenden Priel angeschwollen sein. Das Watt ist wie ein eigener Planet oder ein sechster Erdteil: Meer, Land, dann wieder Meer im präzise berechenbaren Rhythmus des Mondkalenders, tot und doch voller Leben und mit Recht als Nationalpark und Weltnaturerbe unter besonderen Schutz gestellt.

Windschiefe Büsche und Bäume hinter den Deichen lassen erahnen, mit welcher Wucht hier im Frühjahr und im Herbst die Elemente gegen das Ufer anrennen. Zahlreich sind die „Hinter-dem-Deich-Geschichten", die man dem Touristen im Dorfkrug zum Grog oder Bier serviert. Mag dies oder das auch mal übertrieben sein, völlig „getünt" – also ersponnen – sind die Gruselmärchen nicht. Es gibt nun einmal jene Sturmnächte, in denen der einsame Wanderer plötzlich von dem Schrecken gejagt werden kann, der „Schimmelreiter" sei an ihm vorbeigeritten. Andere sonst eher nüchterne Zeitgenossen beginnen nach so einem Ausflug zu schwören, sie hätten die Kirchglocke der versunkenen Stadt Rungholt gehört.

Wer nur einmal einen Blick auf eine Karte der nordfriesischen Küste wirft, braucht keine allzu lebhafte Fantasie, um sich vorzustellen, wie sich das Meer im Laufe der Jahrhunderte immer neue Brocken aus dem Festland herausgerissen hat. Da und dort sind größere oder kleinere Sockel übrig geblieben. Wie vom Wasser belagerte Festungen ragen Amrum, Föhr, Pellworm oder Nordstrand aus dem Wattenmeer heraus. Dazwischengestreut die Halligen – zehn noch kleinere trutzige Landsockel, von achtzig, zwanzig oder auch nur von zwei Menschen bewohnt, andere nur noch ein Vogelschutzgebiet. Kaum ein Frühjahr oder ein Herbst vergeht, ohne dass uns das Fernsehen dramatische Bilder in die warme Wohnstube strahlt: ein einsamer Hof, etwas erhöht auf einem Hügel, davor ein Mensch in der Wasserwüste. Bis kurz vor die Haustür springen die Wellen, als wollten sie ihn greifen. Aber der Einsame steht da ganz ruhig im Toben der Elemente und winkt dem vorbeifliegenden Hubschrauber zu.

Die Westküste Schleswig-Holsteins ist eine mal düstere und dann wieder leuchtend helle Szenerie. Sonnenuntergänge kann es hier geben, wie Emil Nolde sie malte. Wer das Schauspiel noch nie gesehen hat, mag durchaus entschuldbar bezweifeln, dass es solche Farbenspiele überhaupt gibt. Auch Husum, die Hauptstadt des Kreises Nordfriesland und Theodor Storms „graue Stadt am Meer", verwandelt sich im März in einen Blütenteppich aus Krokussen. Nicht immer werden sie von der Sonne richtig beleuchtet, aber doch überraschend oft. Ach ja, und Sylt – eine Welt für sich – mit Wattenmeer auf der einen Seite des schmalen Streifens und einem 40 Kilometer langen Sandstrand nur ein paar hundert Meter gegenüber. Ein Tummelplatz rund um die größeren Orte und hinter den Dünen gediegene Geruhsamkeit, das Rückzugsgebiet der Reichen. Die Sylter Friesen – Nachkommen von Fischern, Strandräubern und Seefahrern auf allen Meeren der Welt – leben vom stetig wachsenden Zustrom der Badegäste. Auch wenn sie wohl nie so recht verstehen werden, warum Menschen ohne Not ins Wasser springen.

Die Ostseeküste Schleswig-Holsteins und ihr Hinterland – sie sind das liebliche Gegenüber. Mich erinnerte die Landschaft spontan an meine Kindheit in Masuren. Gleich hinter Kiel beginnt eine Perlenkette von Seen, die sich über Mecklenburg-Vorpommern weit nach Osten erstreckt. Die Gletscher der letzten Eiszeit müssen sich hier wohl länger gehalten haben als anderswo, um dann auf einem überhasteten Rückzug tausende von Gräben und Mulden in den Boden zu schaben, die sie mit ihrem Tauwasser wieder füllten. Bis Ratzeburg und Mölln geht ein See

Der Plöner See mit der Prinzeninsel,
dahinter die Stadt Plön und der Trammer See

in den nächsten über. Es ist ein Paradies für Radfahrer, Wanderer und Wassersportler aller Art. Nur der Name jenes Erholungsgebietes rund um Plön, Malente und Eutin hat mich immer etwas verwirrt: „Holsteinische Schweiz". Wem fallen solche Vergleiche ein? Auch die immer etwas überhitzte Fantasie eines Journalisten hat nicht ausgereicht, mir am Fuße oder auf dem Gipfel der höchsten Erhebung des Landes, des 168 Meter hohen Bungsbergs, vorzustellen, ich befände mich in den Alpen. Immerhin: Die Gletscher haben diesen Berg nicht kleinreiben können!

Im Frühnebel tauchen sieben Kirchtürme auf, wir nähern uns Lübeck. Zählt man die dazugehörigen Kirchen, dann sind es nur fünf. Wir ziehen durch eine filmreife Kulisse, durch enge und winklige Gassen. Durchs Holstentor, am Rathaus vorbei, daneben das Buddenbrookhaus, links weiter zum Heiligengeisthospital, kurze Einkehr in der Schiffergesellschaft, wo man an langen, engen Tischen zusammensitzt, Modelle alter Segelschiffe hängen von der Decke. Man hätte auch nach rechts oder geradeaus gehen können – von Kirche zu Kirche –, überall begleitet uns rote Backsteingotik als Denkmal von Soll und Haben, als Zeugnis von Rechtschaffenheit und Reichtum durch Frömmigkeit und Fleiß … Dies alles ist ehrwürdige Geschichte. Nach dem letzten großen Krieg war die Stadt an den Rand der Handelswege geraten, bei Schlutup („Schließ auf!") teilte ein Schlagbaum die Welt, dort verlief der Stacheldraht zwischen Ost und West. Heute sind diese Wege wieder frei. Aber der Kurs zu einstiger Macht und Größe ist trotzdem nicht erkennbar.

Im Mittelalter – so etwa vom 14. bis zum 16. Jahrhundert – war Lübecks große Zeit. Die „Königin der Hanse" verkörperte schon damals eine Idee, die erst hunderte von Jahren später in einer Europäischen Union ihre mögliche Vollendung finden könnte. Lübeck war die Zentrale eines mächtigen Bündnisses, fast schon eines eigenen übernationalen Staates. Auf allen großen Handelsplätzen Europas bis weit nach Russland und von dort in den Orient hinein hatten die Hansestädte ihre Niederlassungen, teilten die Kaufleute aus dem Nord- und Ostseeraum ihre Märkte, übernahmen Geschäfte auf eigene wie auf fremde Rechnung und glichen quer über alle Grenzen die Konten wieder aus. Sie hatten ihre eigene Flotte und führten Krieg gegen Seeräuber und Königreiche. Eine Niederlage gegen die Holländer, die Entdeckung Amerikas und neue Handelswege nach Asien trugen schließlich dazu bei, dass der Stern der Hanse sank.

Vierhundert Jahre später machte Thomas Mann noch einen literarischen Eintrag ins Handelsbuch. Mit Stolz, aber nicht mit spontaner Begeisterung, nahm man in seiner Vaterstadt die „Buddenbrooks" auf, die Chronik vom Niedergang einer Kaufmannsfamilie. Vieles von dem, was er im Roman niederschrieb, hat Lübecks großer Sohn selbst erlebt. Mit verstohlener Liebe und schwermütigem Neid schaute er zurück auf eine großbürgerliche Gesellschaft, in der er sich selbst nie ganz heimisch gefühlt hatte.

Das Thema Geschichte ist für einen Journalisten stets mit Risiko behaftet. Sein Auftrag ist ja eigentlich – wie der Name schon sagt –, den Tag, das Heute wachsam zu begleiten. Und bei der Beschäftigung mit der Geschichte Schleswig-Holsteins ist ganz besondere Vorsicht angebracht!

Gut, die Wikinger sind etwas für jedes Gemüt, am Wikinger-Museum Haithabu bei Schleswig sollte man nicht vorbeifahren: eine Zeitreise zu den Nordmännern, ihrer Kultur, ihren Booten und Waffen, mit denen sie vor 1 000 Jahren ganz Europa in Angst und Schrecken versetzten. Stellen wir uns vor, Hägar der Schreckliche könnte hier gehaust, unter dem ewigen Gezeter seiner Frau gelitten und jeden Anlass gesucht haben, mal wieder in See zu stechen und anderer Leute Dörfer niederzubrennen … Es ist verwunderlich, was die heute so friedlichen Skandinavier für Vorfahren haben!

Das Wikinger Museum Haithabu bei Schleswig – eine der erfolgreichsten Kultureinrichtungen Norddeutschlands

Auch das nahe Schloss Gottorf mit seinen Landesmuseen ist einen längeren Besuch wert. Ein weit ausladender barocker Garten mit einem großen, begehbaren Globus gehört zu den Attraktionen. In seinem Inneren dreht sich der Sternenhimmel um den staunenden Betrachter. Die archäologische Abteilung hat den ebenso eindrucksvollen wie gruseligen Namen „Kompetenzzentrum für Moorleichen". Da liegen sie vor den Augen des Besuchers – die Kopfhaut, Arme und Beine schwarz gegerbt, aber erstaunlich gut erhalten. Vor etwa 2000 Jahren – mal etwas früher, mal etwas später – wurden diese Vorfahren der Schleswig-Holsteiner in den Mooren der Umgebung versenkt. Wie bei einer staatsanwaltlichen Ermittlung sucht man mit modernsten wissenschaftlichen Methoden herauszufinden, wer sie waren und unter welchen Umständen sie ums Leben kamen.

Aber da ist nun einmal noch das ewige Hin und Her um die Landesteile Schleswig und Holstein, Deutschland und Dänemark. Wer klug ist, sollte sich mit seinen Geschichtskenntnissen zurückhalten. Es begann irgendwann im 13. Jahrhundert mit Erbteilungen in immer kleinere Herzogtümer und Teilherzogtümer, bis schließlich 1460 die Ritterschaft dem Dänen Christian I. die Herrschaft antrug. Er sollte aber nicht König, sondern nur jeweils Herzog der beiden Landesteile sein – Schleswig als dänisches Lehen, Holstein als deutscher Reichsfürst. Wie das funktionieren und auch noch eine ewige Unteilbarkeit („up ewig ungedelt") garantieren sollte, war wohl von Anfang an ein Geheimnis.

Hier will ich nun doch einen Punkt machen, weil jede weitere historische Belehrung nur den endgültigen Nachweis liefern würde, dass ich selbst Schleswig-Holsteins Geschichte nie ganz verinnerlicht habe. Dabei war mir schon in der Schule ein ernsthaftes Bemühen darum fast heilige Pflicht. Nicht nur als Ausdruck von Bildungsbemühen oder Heimatliebe, sondern aus Respekt vor der Schule selbst. Denn Graf Johann II. von Holstein/Kiel, der Einäugige, hatte bereits im Jahre 1320 den Grundstein für diese Bildungseinrichtung gelegt, und 633 Jahre später – als eine ostpreußische Familie in Kiel endlich wieder vereint war – hat mich mein Vater ohne jede Vorwarnung oder Rücksprache dort angemeldet. So verband oder verknotete sich in der Seele eines armen Flüchtlingskindes eine verwirrende Landesgeschichte mit den tief in die Vergangenheit reichenden Wurzeln seiner Schule. Das alles geschah auf recht hohem Niveau, aber leider ist nichts Verwertbares hängen geblieben.

Ein gewisses tröstliches Erlebnis hatte ich allerdings in den frühen 70er-Jahren als ARD-Korrespondent in den USA. Der diplomatische Star jener Epoche war Henry Kissinger – in Deutschland geboren, Harvard-Professor, erst Sicherheitsberater des Präsidenten Richard Nixon, dann Außenminister. Er war der Architekt einer neuen Ost-Politik und gilt noch heute als einer der klügsten Köpfe im Durchschauen verzwickter politischer Situationen. Und dieser Mann nannte als eine der größten Herausforderungen des Historikers, Antwort zu geben auf „The Schleswig-Holstein Question". Er ging sogar so weit zu behaupten, es sei nachweislich nur zwei Wissenschaftlern gelungen, die staatsrechtlich verknäulte Geschichte dieser für Amerikaner recht exotischen Gegend zu entwirren. Der eine sei verschollen, der andere darüber verrückt geworden. Und natürlich kokettierte Kissinger mit der Erwartung, man möge ihn für diesen zweiten halten.

Heute sieht sich Schleswig-Holstein nicht nur als Brücke zu unseren skandinavischen Nachbarn, sondern – fast schon wieder wie zu Zeiten der Hanse – als Teil eines gemeinsamen Wirtschaftsraums. Großveranstaltungen wie die „Kieler Woche" oder die „Travemünder Woche" haben dieses Konzept seit Jahrzehnten fest im Programm. Und Flensburg mit seinen Rumhäusern und hübschen deutschen wie dänischen Fassaden ist so etwas wie der sanfte Übergang in eine menschlichere Welt. So habe ich schon als junger Reporter gelernt, dass man vor jedem irgendwie dienstlichen Gespräch nördlich von Flensburg erst

**Die Fehmarnsundbrücke,
1963 dem Straßen- und dem Eisenbahnverkehr übergeben**

einmal richtig gut essen sollte. Nichts ist dem Dänen so zuwider wie ein Gast, der ins Lokal stürzt, sein Essen herunterschlingt oder achtlos an die Seite stellt, um sofort über etwas Geschäftliches zu reden. Wie oft, wenn ich mit einem Kamerateam nach Norden rollte, war es draußen schon dunkel, wenn wir endlich mit den Dreharbeiten beginnen konnten. Aber irgendwie haben wir es immer noch geschafft.

Nun also Schleswig-Holstein aus der Luft. Ist es nicht von unten viel schöner? Zu Fuß oder mit dem Fahrrad erkundet, so wie ich es in meiner Jugend tat und leider später nie wieder. Verliert ein flaches Land nicht seine Konturen, wenn man auch noch aus großer Höhe darauf schaut? Im Prinzip ja. Und doch ist es faszinierend, sich in Jochen Knoblochs Bilderbuch zu vertiefen. Seine Fotos – ich hoffe, er widerspricht mir nicht – versetzen uns in die Perspektive eines Vogelflugs. Wie Schleswig-Holstein aus der Sicht einer Möwe. Es ist ein Motorsegler, mit dem er fliegt und aus dem er seine Fotos macht. Eine großzügige gläserne Kuppel sorgt für gute Sicht, der Propeller ist hinter dem Cockpit des Piloten angebracht, damit er das Bild nicht stört. Weniger PS als ein Mittelklasse-Automobil hat der Motor, und entsprechend gemächlich ist das Tempo.

So kann das Auge dessen, der durch die Seiten dieses Bildbandes blättert, ganz genau die Einzelheiten am Boden abtasten, ist sozusagen wie die Möwe jederzeit zum Landen bereit, wenn sie dort unten etwas Lohnendes entdeckt: das Schloss Glücksburg zum Beispiel in seiner Wasserlandschaft, den elegant-geschwungenen Brückenbogen der Vogelfluglinie über Fehmarn nach Norden, den weiten Strand von Sankt Peter-Ording mit seinen Häusern auf Stelzen … Wir sehen in Travemünde den Schiffen beim Einlaufen zu, durch die Wolken schimmern die silbernen Schleifen der Eider, und vor der Küste des eigentlich doch grauen Büsum fliegen wir einer Sonne entgegen wie auf einem Bild von Nolde.

Vielleicht habe ich einiges übertrieben oder falsch verstanden und anderes, viel Wichtigeres, vergessen. Bedenken Sie, ich war nur ein Zugereister. Und schließlich bin ich auch weitergeflogen. Nur zwei Jahrzehnte habe ich in Schleswig-Holstein gelebt, aber es waren prägende Jahre. Da wird man schon mal sentimental.

Wolf von Lojewski

**Windanlagen auf dem Friedrich-Wilhelm-Lübke-Koog
im Nordwesten Schleswig-Holsteins**

Küstenformen im Wattenmeer:
Fährschiff im Dagebüller Fahrwasser

Sankt Peter-Ording, Grünes Ufer

Priel auf der Linnenplate in der Eidermündung

Brandung bei Büsum

Die Insel Helgoland und ihr Wahrzeichen – die „Lange Anna“ genannte Felsennadel

Helgoland – das Oberland und das Unterland mit der Binnenreede

Die Hauptinsel von Helgoland und die benachbarte kleinere Helgoländer Düne

Die Insel Sylt von
Süden aus gesehen

Kurzentrum und Strand
von Westerland

Der Hindenburgdamm
mit der Eisenbahn
von Niebüll
nach Westerland

Westerheide und
Süderheidetal

Dünen im Norden der Insel Sylt (oben) und
der Leuchtturm in Hörnum, seit 1907 in Betrieb (rechts)

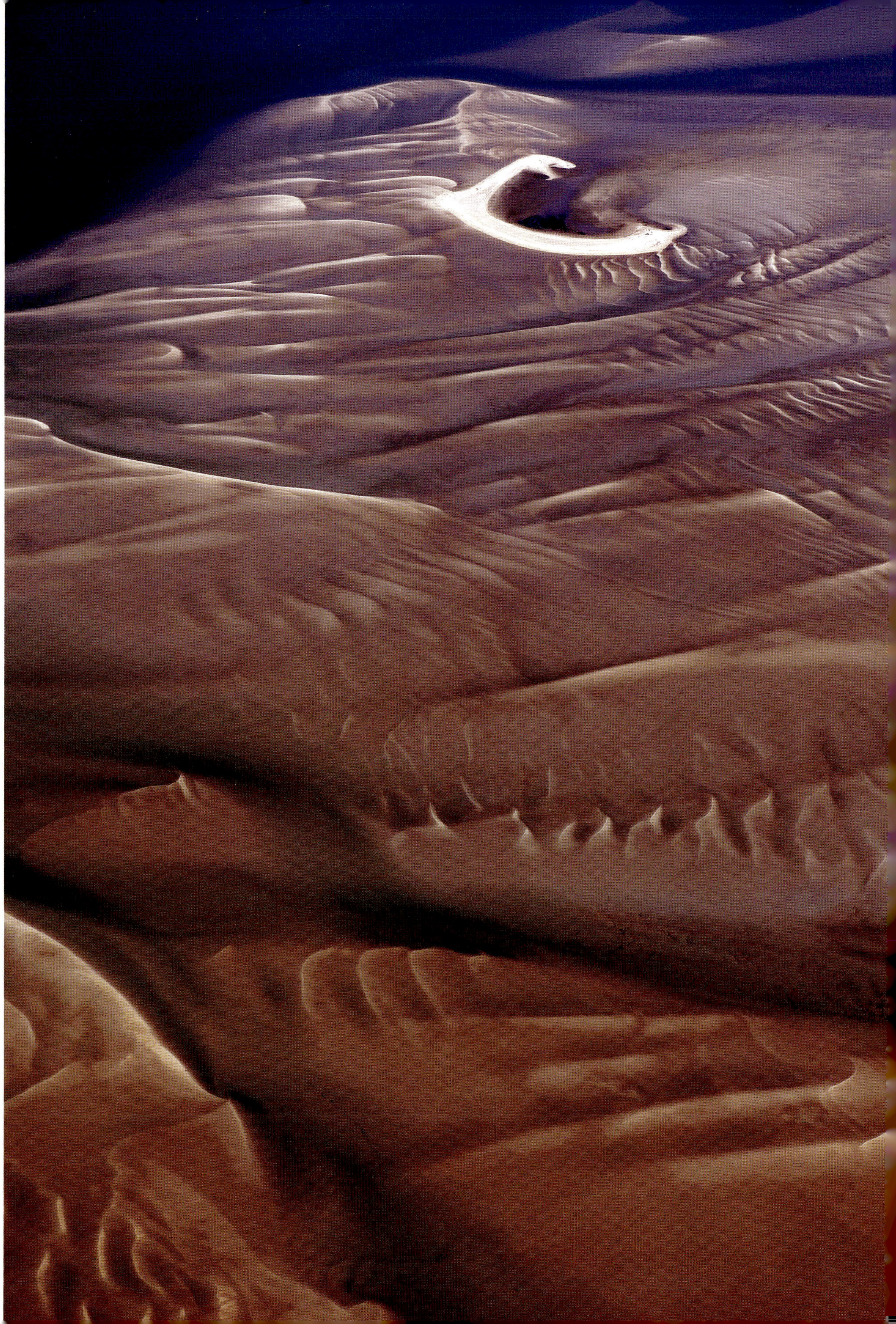

Der Jungnamensand im Seegebiet
zwischen Sylt und Amrum,
bei Ebbe (links) und bei Flut (rechts)

Fähren, die Dagebüll, Wyk und Wittdün
miteinander verbinden, im Dagebüller Fahrwasser

Wittdün, größter Ort auf der Insel Amrum

Gesamtansichten der Inseln Amrum …

… und Föhr

Begegnung von zwei Fährschiffen der Wyker Dampfschiffs-Reederei

Wyk auf Föhr, Hauptort der Insel

Die Lorenbahn Dagebüll–Oland–Langeneß – Verbindung zwischen dem Festland und den Halligen

Olandwarft – die einzige Warft der Hallig Oland

Die Ockenswarft auf
der Hallig Hooge

Die Ketelswarf auf Langeneß

Warft auf der Hallig Südfall, südöstlich von Pellworm

Über dem Wattenmeer bei Pellworm

Die Halligen Norderoog (links) und Süderoog (rechts)

Blick über die Hallig Hooge zur Insel Pellworm, im Hintergrund die Halbinsel Nordstrand

Eine Gewitterwolke
über dem Schweinerücken
bei Föhr

Der Heverstrom – Zufahrt zum Hafen von Husum

Der Wattstrand vor der Insel Pellworm

Eiderstedt – eine von intensiver Landwirtschaft geprägte Region

Der Leuchtturm Westerheversand

Boot eines
Büsumer Krabbenfischers

Der Badestrand
Rochelsand
von Sankt
Peter-Ording

Reges Strandleben auf dem bei Ebbe trocken fallenden Strand von Sankt Peter-Ording

Kunstvolle Sandburgen und Grafiken – schon in wenigen Stunden ein Raub der Fluten

Innenstadt und Hafen von Husum

Der Marktplatz von Friedrichstadt

An der Eider gelegen:
Friedrichstadt (oben)
und Tönning (unten)

Die große Schlinge der Treene bei Schwabstedt

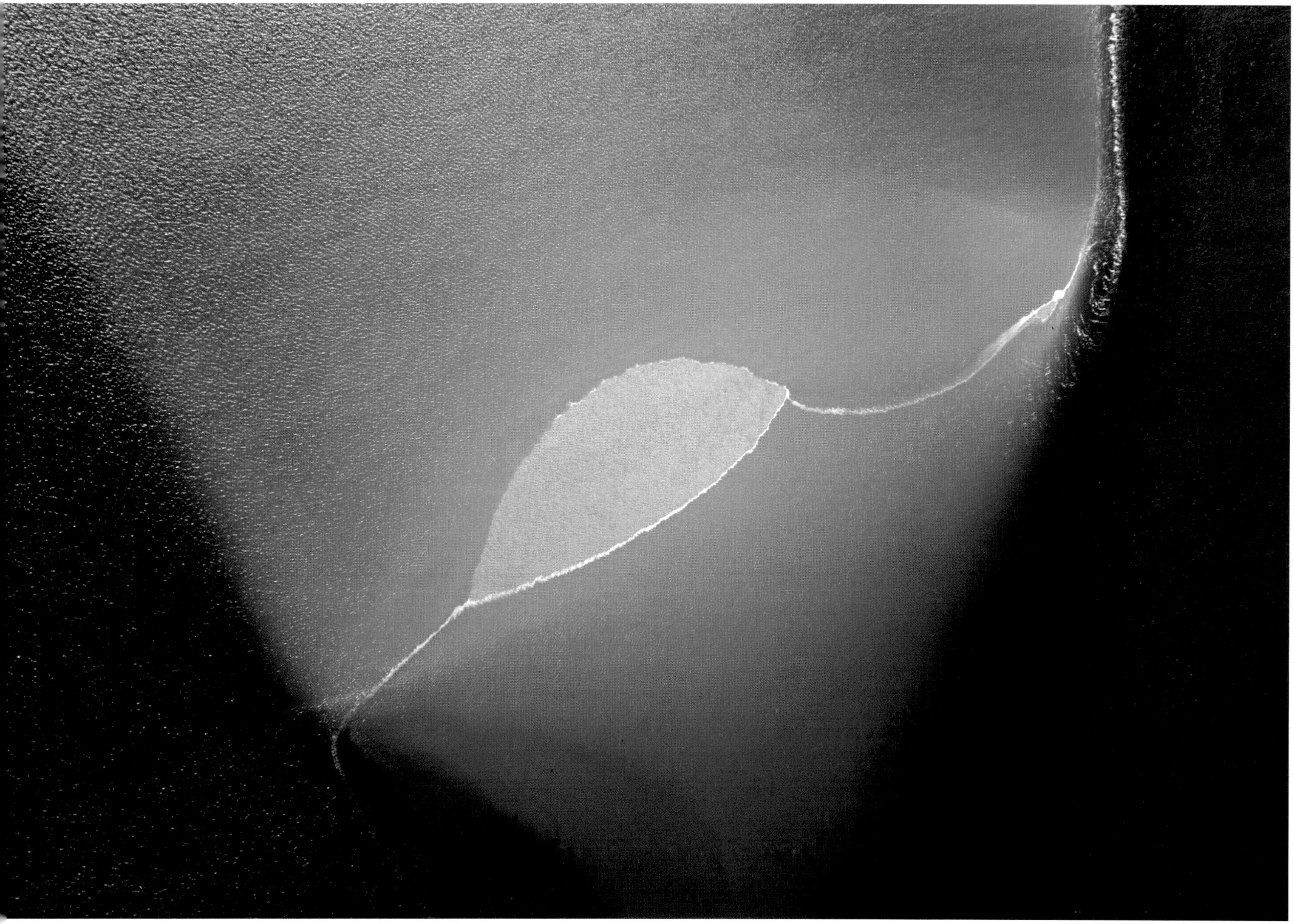

Der Robbensand nordwestlich vor Utholm bei Ebbe

Winterliche Felder in der Wilster Marsch

Typisch für die Eider – die vielen Mäander, die sie in ihrem Verlauf gebildet hat

Das Eidersperrwerk –
Schutz für das Hinterland
vor Sturmfluten

Der Tonnenhof
des Wasserstraßenamtes
in Tönning

Dithmarschen –
vielerorts von
der Landwirtschaft
bestimmt

Büsum mit einem wunderbaren Liegerasen direkt am Wasser

Hafeneinfahrt von Büsum

Das Kronenloch – ein kleines, zugewachsenes Wasserloch an der Meldorfer Bucht

Im Watt vor Büsum

Dithmarscher Land zwischen Marne und Friedrichskoog

Das Butterloch – ein Wattgebiet zwischen Nordstrandischmoor und Hamburger Hallig

Küste an der
Meldorfer Bucht

Die Bohrinsel Mittelplate über Deutschlands größtem Erdölvorkommen

Beidenfleth an der Stör

Itzehoe – Industrie- und Verwaltungszentrum im Süden von Schleswig-Holstein

Die Matjes-Metropole Glückstadt mit ihrem kleinen Elbhafen

Wewelsfleth an der Stör mit der Reparaturwerft „Peters Schiffbau“

Blick über die Elbe nach Niedersachsen

Nord-Ostsee-Kanal –
das Kreuzfahrtschiff
„Aida-Cara" (oben)
und ein Propangas-Tanker
(unten)

Die Eisenbahnbrücke bei Hochdonn über den Nord-Ostsee-Kanal –
über 2 200 Meter lang und bis zu 56,38 Meter hoch

Die Schwebefähre über den Nord-Ostsee-Kanal –
Teil der Rendsburger Hochbrücke

Rendsburg-Schleife mit der Hochbrücke und der Schwebefähre

Das Stadtzentrum von Neumünster

Schleswig – Schloss Gottorf und der
Wikingturm an der Schlei

Die Altstadt und der Dom von Schleswig (links)
sowie der Barockgarten von Schloss Gottorf mit dem Globushaus (rechts)

Die Stadt Flensburg an der Flensburger Förde

Das Wasserschloss von Glücksburg, errichtet im 16. Jahrhundert

Eine Gänseherde in Angeln, der Landschaft zwischen Kappeln und Flensburg

Im Naturschutzgebiet Geltinger Birk

Der kleine Ort Maasholm im Mündungsgebiet der Schlei

Die Mündung der Schlei in die Ostsee mit der Lotsenstation Schleimünde
und im Hintergrund dem Ort Olpenitz

Die Stadt Kappeln zu beiden Ufern der Schlei

Arnis – zu großen Teilen auf einer Halbinsel in der Schlei gelegen

Die Stadt Eckernförde – direkt an der Ostsee gelegen
und doch durch die Eckernförder Bucht gut geschützt

Das Ostseebad Damp, im Hintergrund das Ferienzentrum
Schubystrand am Schwansener See

Östliches Ende des Nord-Ostsee-Kanals an der Kieler Förde: die Schleuse Kiel-Holtenau

MSC

Die traditionelle Windjammerparade am
Sonnabend der Kieler Woche

Landeshauptstadt Kiel –
Hauptbahnhof und
Fähranleger

Kiel – Blick über das Stadtzentrum und auf die Kieler Förde

Typisch für Schleswig-Holstein – alte Bauerngehöfte wie dieser Haubarg

Auch typisch für Schleswig-Holstein – Güter wie das Gut Schierensee südwestlich von Kiel

Der Große Plöner See

Die Insel Triebs im
Großen Plöner See

Die Stadt Plön mit dem markanten Plöner Schloss

Bad Segeberg mit der Bühne für die Karl-May-Spiele am Kalkberg

Die Stadt Eutin, eingerahmt vom Kleinen und dem hier sichtbaren Großen Eutiner See

Der Sehlendorfer Binnensee, Naturschutzgebiet bei Hohwacht an der Ostsee

Blick Richtung Heiligenhafen, in der Ferne die Insel Fehmarn

Das Schwemmland des Naturschutzgebietes Graswarder vor Heiligenhafen

Der Ort Heiligenhafen
mit seinem geschützten
Yachthafen

Die Halbinsel Burgtiefe am Fehmarnsund

Neustadt in Holstein an der Lübecker Bucht

Grömitz, Ostseebad mit
einem großen Yachthafen

Der beliebte Badeort Timmendorfer Strand

Das Ostseeheilbad Travemünde mit seinem trotz enger Hafeneinfahrt regen Fährverkehr

Stena Line

Das historische Stadtzentrum von Lübeck – umflossen von den Flüsschen Trave und Wakenitz

Der Lübecker Dom

Als Beispiel mittelalterlicher Stadtbaukunst seit 1987 UNESCO-Welterbe – Lübecks Altstadt

Sankt Marien – herausragendes Zeugnis
der Backsteingotik inmitten der Hansestadt Lübeck

Das Holstentor in Lübeck –
eines der berühmtesten
Bauwerke Deutschlands

Lübeck im Morgennebel von Westen aus gesehen – mit den Türmen von St. Jakobi, St. Marien, St. Petri und St. Aegidien (von links nach rechts)

Typisch für die landwirtschaftlich geprägten Regionen Schleswig-Holsteins: Blühende Rapsfelder …

… sowie farbenprächtige Gärtnereien und Baumschulen

Der Ratzeburger Dom – beeindruckend gelegen auf einer Landzunge im Ratzeburger See

Die Eulenspiegelstadt Mölln im ehemaligen Herzogtum Lauenburg – umgeben von der Möllner Seenkette

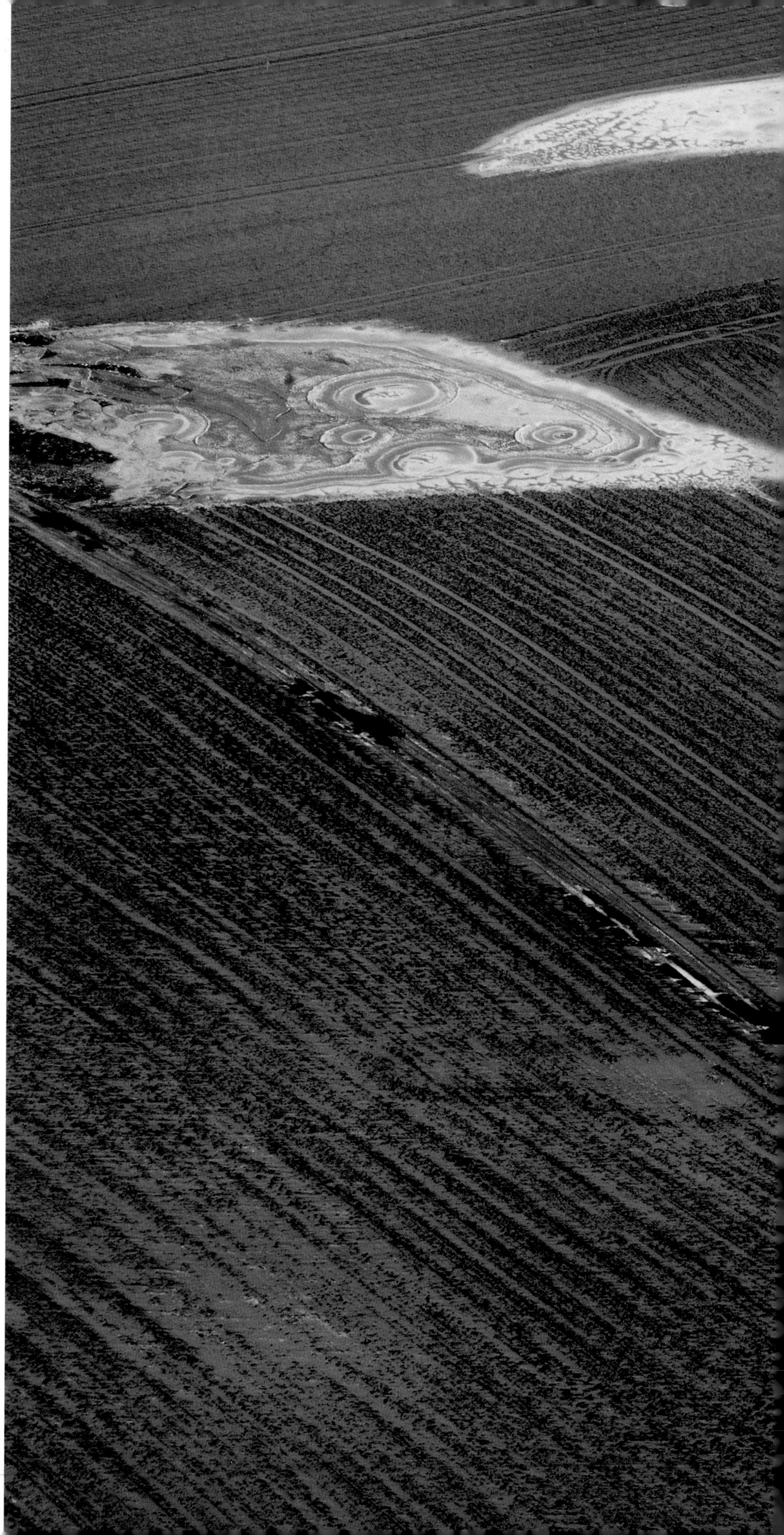

Oft in Norddeutschland zu finden – kleine, Sölle genannte Senken aus der letzten Eiszeit

Jochen Knobloch, geboren 1941 in Dresden, ist seit 1966 als freier Fotograf tätig. Zuerst in Leipzig, später in Berlin und seit seiner Übersiedlung – 1983 in die Bundesrepublik – in Hamburg. Neben Reportagen, Architektur- und Industriefotografie sowie Videoproduktionen gehört das Luftbild zu den Schwerpunkten seiner Arbeit. Im Hinstorff Verlag erschienen von ihm die Bände „Im Flug über die Deutsche Ostseeküste" (2005), „Im Flug über die Deutsche Nordseeküste", „Spreewald" (beide 2006), „Im Flug über Hamburg", „Im Flug über Dresden" (beide 2007), „Im Flug über Bremen", „Im Flug über Sachsen" (beide 2008), „Im Flug über Berlin" und „Im Flug über das Ruhrgebiet" (beide 2009).

Wolf von Lojewski, geboren 1937 in Berlin, wuchs in Ostpreußen, Cuxhaven und Kiel auf. Er volontierte bei den *Kieler Nachrichten*, studierte nebenher Jura und ging nach dem Staatsexamen zum NDR. Ab 1971 war er u.a. Korrespondent, Redaktionsleiter und Moderator bei der ARD, von 1992 bis 2003 leitete und moderierte er das ZDF *heute journal*. Wolf von Lojewski erhielt zahlreiche Preise, u.a. den „Hanns-Joachim-Friedrichs-Preis" und den „Bayerischen Fernsehpreis".

Titelbild: Der Strand von Sankt Peter-Ording
Rücktitel: Sonnenuntergang über der Nordsee
Seite 1: Der Leuchtturm Westerheversand – die bekannteste Landmarke von Schleswig-Holstein
Seite 2/3: Eine Cesna 172 im Anflug auf die Insel Föhr

Die Deutsche Nationalbibliothek verzeichnet diese Publikation in der Deutschen Nationalbibliografie; detaillierte bibliografische Daten sind im Internet über http://dnb.ddb.de abrufbar.

Lagerstraße 7, 18055 Rostock
Tel. 0381 / 4969-0
http://www.hinstorff.de
www.facebook.de/HinstorffVerlag

1. Auflage 2012

Herstellung: Hinstorff Verlag GmbH
Lektorat: Thomas Gallien
Karte: Stefan Jarmer
Druck und Bindung: Neumann & Nürnberger Leipzig
Printed in Germany
ISBN 978-3-356-01512-6